Pájaro luz

Gabriela Sánchez

Aliarediciones

Corrección: Eladia Guerrero
Diseño de cubierta: Jaime Galisteo
Maquetación: Aliar Ediciones

Depósito Legal: GR 900-2024
ISBN: 978-84-10374-29-4

Impreso en España

Edita
ALIAR Ediciones
www.aliarediciones.es
info@aliarediciones.es

Pájaro luz

Gabriela Sánchez

A ti, Muqui,
que me mirabas
desde la puerta.

A tus hijos,
memoria viva.

A Casa Índigo,
sostén de mi voz.

¿Qué significaría el seto para ella,
qué el jardín,
qué sentiría cuando oía romper las olas?

Al faro, Virginia Woolf

Primera carta que te escribo
desde esta patria de ayer.

Cartas del verano de 1926, M. Tsvietáieva a R.M. Rilke

Quizás uno nunca acaba de irse
de las casas que ama.

Nosotras ya no estaremos, Lola Mascarell

Vuelvo a la casa
y me asomo a la verja
persiguiendo tu voz

Una enredadera torpe
se afana en poseer
lo que era nuestro
y la ruina, preciosa,
yace imperturbable

Nosotros reunidos
en el hueco
de tu ausencia

El jardín
acorralado por el viento

Tu reflejo de luz aún riega el rosal

Si no volvemos
y el tiempo pasa
sin lugar para los juegos
si vencen la telaraña
y el desaliño

sé que la piedra guardará los pasos
y algo ha de contar
de esta historia
cocinada entre cuidados
que importuna con su eco
los enjambres del olvido

Junto a la puerta verde
o al candelabro
mi anhelo pía

Siento una *tristura*
unión descontrolada
al objeto
siempre parte
de tu decorado

Mi mirada
posada en ti
no esperaba su peso

Y ahí, bajo la humedad de la entrada,
la tía dice *deja la carne a enfriar*
imita tus costumbres
y duele esta herida
que me habita

Me detengo ante la ventana
que cerraste cada noche
y se reabre el abismo de lo que soy
aunque hace tanto te hayas ido

Vuelves con la ventisca
eres rumor
batir de alas

Dueña de mil gestos
que te imité sin saberlo

Frente al espejo, en la escalera,
mi pelo entrecano
mi mandíbula
mi mirada queda y triste

¿Te miraste así?

Muqui,
envuélveme en tu sueño
llévame allí
donde el tiempo no piensa
y las hojas susurran
juegos de leche
Llévame en tu vuelta
escucha
mi canción de amor

Qué misterio tu juventud
la oportunidad de la palabra
quedó muda junto al té

Seguiría la voz hasta la pregunta
la alzaría para conocer
si fue siempre amor
si quisiste algo más

Una boda de amarillo
yace junto al misterio
no hay fotos de aquel día secreto

Hubo una barca
una ilusión vibró
antes que la casa
dos jóvenes citados a merendar
navegan
se abisman hacia el olvido

Tú enamorándote
antes de cuidar
¿Qué pensaste
frente al porvenir?

Cuando el cuerpo cede
y la casa desmorona
habla memoria
de ese viaje
que comienza con su cuerpo
libro enredado
en el que aprendimos el tiempo

En la foto ya nací
y me acunas
arrullo de abuela

Parezco tranquila
acoplada a tu cuerpo
aún desconocido
decidiendo que ahí
sería posible reposar

Desde tu piel te presentabas
tocabas mis pies despacio
con asombro
como un día yo sostendría
tus manos gastadas

Miro la foto
y un recuerdo sin imagen
me acaricia

Tu pelo entre esa luz
que atraviesa la sábana
la ondulación del viento en su blancura
la brisa enredada en tu quietud

Espía de tus mañanas
¿me veías?

Piso silenciosa el rocío
te acecho
mientras el mundo es sueño

Punta de judía
tras el seto ovalado
veo tu mano
afanada en cocinar

Sabes nombrar el viento
meciendo la hoja
es el sur
daos prisa en bajar a la playa

Te quedas, pero aún sabes la infancia
y tu deseo de vuelo
nos regala
los juegos y el mar

Me contarías tantas veces:
es casi el verano de mis cuatro años
nuestra hermana va a nacer
y sueño despierta con elefantes rosas
Me miraste atenta
¿en qué piensas, niña?

Junto a ti
me desconozco en el pueblo
lanzo la urbe y el lazo
por el acantilado

¿Recuerdas las cestas
ese juego de elegancia y aventura?
Desde el balcón
envías la comida
Rodrigo y yo niños recibimos el botín

Tú construyes la polea
vencemos imposibles

Nos mandas al jardín
porque hace bueno
y es la infancia

Junto al huerto redondo
del tío Quique
descansa el perro Plas

Los primos y hermanos
corren, gritan
escalan la palmera

Sueño al compás del viento
en el columpio
saboreando una mezcla
de chocolate y galleta
Rozo el cielo con los pies

A Elena Quiroga,
que también soñó los vientos de infancia

Recoveco infinito
ganarle al juego
un minuto más

Entre los olmos
crecía la amistad
y la luz y los vientos
nos eran aliados
No había horas
porque había sur
había nosotros mismos desatados

Allí, junto a la infancia,
pervive el pájaro
canta junto a la puerta
tú nos mirabas

Me llevas en autobús
al centro de Santander
Somos una abuela y una nieta
rodeadas de otros ojos

Entramos al mercado
buscando
hilos de colores
telas para una falda
y volvemos juntas observando la bahía

Me enseñas dónde comprar cada alimento
a economizar los gastos
confiando en que sabré

En mi recuerdo casi siempre llueve
la ciudad brilla

y juntas ensayamos el vuelo

El abuelo y tú nos acogéis en la casa
nos arropáis en la noche
un beso rápido entre sábanas húmedas de mar
hasta mañana si Dios quiere
nos queréis pero quedo
temiendo no volver

Aquella noche es distinta:
contagiados y entre vómitos
la casa baila a otro ritmo
preparáis manzanillas
resbaláis entre las prisas
y nace el enfado cómico del abuelo
¡hosssspitales y sanatorios!
Nuestra tripa duele
confundida por la risa

Otoño

cae otra tarde
la lluvia moja en un descuido
el anaquel

Hay pocas fotos
y voces de mujer
acuerdan silencios

Tu mano
centrípeta, gravitacional,
inconfundible raíz
imanta nuestro espíritu
al espejo del salón

Te recuerdo en silencio
entregada a la casa
Riegas cuidadosa las plantas de la entrada
cierras esa ventana
por la que se cuela ya la noche

Pregunto a mi prima
y me habla de tus palabras
viste la nieve
quedaste con tus primas
reías la travesura chica del tío Cristóbal
Llenaste su silencio

Tus dedos pelan la patata
y la cortan *crac*
sobre el escurridor metálico y blanco
una y otra vez

Es invierno
la cocina huele a aceites
y en la ventana que asoma al jardín
hay vaho

Aprehendo la tortilla, un mantra,
una escena primigenia

Y cuando la lluvia
los juegos se otean desde la ventana

Las ramas golpean
el cuarto amarillo del tío Ramón
donde lo umbrío, donde los árboles se agitan,

a veces la palmera
es mecida con furia

un día se va a caer, dice mamá

Tú
niña-ave crecida entre los vientos
permaneces tranquila

Estaba la sombra

¿era la adultez?

Desteñía la galleta, la escalada al árbol
amenazaba el juego con su nube

A la linde del jardín
llegan las voces de mayores
Las captamos en sus descuidos, entre las hojas
siembran cimientos de mundos tenebrosos
donde jamás elegimos entrar

Pero atrapada nuestra inocencia
en el cebo de la curiosidad
somos pescados

Crecimiento árido
inevitable

Crecemos y no vale cualquier molde
la casa expulsa el grito rebelde
las ropas que enseñan demasiado
lo impío

Entro en la cocina
el jardín semioscuro y lluvioso
en el cierre del día

Entre vapores
y aromas engañosos
tu silueta casi húmeda

Traigo la lluvia
el viento frío
y sé necesario su abandono
para abrazar la casa

En torno a la mesa
solo cabe el decoro

Nos acomodamos en ese hueco
apartado de los mayores

Los sitios guardados
los niños callados
tu comida exquisita

Avanza el encuentro
y entre anécdotas de viajes
amontonados en el Citröen
los niños ya rondamos la otra mesa

En tus ojos que brillan
entre las risas
se atisba el ala

Cualquier fin de semana vuelvo
como quien busca un tesoro
o aplaca un mundo

Ya he crecido y vuelvo
porque es mentira

Despides al abuelo en el salón
tu cuerpo grande entre los sofás granates
abuela frágil

La imagen me atraviesa
y aprendo en la tripa un dolor sin nombre

Nuestras manos enlazadas
acallan mi rebeldía

Asomada al balcón
esperas
como lo hizo el abuelo

tu vestido floreado
jugando en la mañana
la mirada enredada
en la brisa de un recuerdo

Salgo de casa
y me pregunto si le piensas

Tú podrías salir
pero esperas

Tus manos ensortijadas
nido y recoveco

antes de la arruga
recibieron el anillo
hilvanaron la aguja
que dibujaría
el camisón azul de las nietas
bañaron a papá bebé

Tú mutas
te haces nebulosa
tú, Pilar, sostén,
abuela mástil que también falla

Mi asombro
ante la primera idea
de perderte

Hace ya tanto tú y yo
paseamos hasta alcanzar la costa
Caminas con dificultad
pero juntas lo logramos

Una niña se baña entre saltos de sol
reflejados en tus ojos

Señalas a la niña
¿sabes? aún me siento así

Aún cepillas cuidadosa tu pelo
junto al tocador
en la cocina preparas croquetas
pensando en quien llegará
subes despacio la escalera
presa de tus huesos

Te transformaste, Muqui,
en abuela
en eco volando
tras el silbido de tu yo-niña

Tu cuerpo, un faro de pérdidas
la pierna dolorosa
el pulmón sobrecogido
de tanto amar

En la grieta de los años
los surcos son la voz
de tu historia

Sentada en tu galería
vigilas el viento

Antes presagio:
buen tiempo si sur
lluvia si norte
ahora
perdida la coordenada de la memoria
susurro amenazante

Lo temes
por incomprensible
por alborotado
nos exiges puntualmente
a las cinco
volver a casa
junto a tus padres

Todo cambiado
mi hermana y yo tus primas
mi hermano el chófer
nos miras
ahora indefensa
niña ya

Corazón que late
desacompasado
te adormece
te aleja

¿Lo esperabas así?

Junto a tu cama
mi angustia triste
y en ti, acostada y débil,
arrullada entre cuidados
la vuelta
a la primera paz

El viento llama, golpea la ventana
y tú sedienta de vida
te aferras

Es un noviembre frío
rezamos en torno a ti
y en el segundo de silencio
un soplido recio

Tú mueres
algo entre las dos
se desvanece

y nace
un desorden
un canto

¿me escuchas aún?

El chirrido antiguo de la verja
atraviesa el tiempo

Tú que lloraste a los tuyos
dejas la casa
sigues la estela
de aquel *hasta pronto*

Revoloteamos los nietos tu tumba
polluelos desvalidos
brillantes de tu existir
comiendo en cualquier sitio
fascinados
recordamos tus dedos
tejiendo un vestidito

Tú nos llamabas
ñaño min niñuca

sé que tu voz
no la escucharé

recorro la casa
y te guardo
en imágenes lentas

Tu risa me alcanza

Sopla el gallego esa tarde
murmura entre tus ramas
en la anciana galería
surca la bolera
los escalones tan faltos de flores
mece tu casuca
y su árbol dorado

Me alejo de la luz atravesando la verja
hacia la calle poco concurrida
por ancianos que fueron jóvenes
saltando cada mañana
al camino de Miranda

Me alejo en invierno
cuando el tiempo contigo
termina demasiado pronto
y el recuerdo bulle tan alto
que daña en el pecho

Me voy, corazón enjaulado,
preso del jardín
y tardo días y días
en liberar su grito mudo

Natura
todo lo muta
el tiempo
cargado de robo
mi amor sediento
rebusca entre cenizas

Algo de tu ojo
de tu férreo ejemplo
me paralizaba

temía ser desconocida por la casa

Y ahora
esta trastabillante sombra
este espejo desconocido de rebeldía
que te añora

A Violeta Gil
por dar sentido
a mi nostalgia heredada

Te escribo
faltas en la posibilidad
y el dolor callado se atraganta
graba la pérdida
en la piel de la familia
Y tu pena niña me atraviesa aún
la mirada

Te escribo porque te quiero
recordarte y cantarte
hablarte cuando me hagas falta
y que me responda tu recuerdo
Que la palabra abra una puerta
unas alas

A Marosa di Giorgio,
visionaria de lo invisible

Te has ido
de otoño y de noviembre

Y te siento melodía disfrazada de viento
haciendo de las hojas canción

Te pienso playa
surcando la arena de otro noviembre
dejando que la brisa te meciese

A Alejandra Pizarnik,
me donaste el pájaro y la música

Tu voz no está
y un pájaro anaranjado
me sobrevuela

Pájaro luz
soplo sur
calienta el desamor

Tu música *me lleva*
a un acantilado con un pájaro
resuena con el viento
cuando me asomo al mar

Me asomo al mar
descalza y fría

papá me acompaña
allí donde paseaste tantas mañanas
tus pensamientos teñidos de amanecer
esas cartas a ti misma
volaron con la brisa

Me asomo donde el estruendo
donde todo recomienza
y la voz se desconoce

Puedes ser arrastrada
o que la vida huela a sueño
y que el viento te despeine

Si te asomases ahora al balcón
y yo llegase
si fuese verano
y un día cálido en el pueblo
¿qué verías?

Pese a tus miedos
pese a las costumbres
me diste el recoveco
ese amor piante

Si yo llegase, si tú vivieses,
si nuestros ojos se encontrasen
tendríamos voz
sabríamos querernos pese a todo

¿Sabes, Muqui?
he desplegado las alas
pájaro hecho de ti

El cielo arde
la costa llama

salgo del jardín

Bibliografía

PEQUEÑA GENEALOGÍA DE AUTORAS

Estas páginas, como toda escritura, nacen de una conversación con las autoras, a algunas de las cuales cito:

En el poema «Recoveco infinito» cito a la escritora Elena Quiroga, de la novela *Tristura* (Bamba editorial, 2022).

«No había horas porque había sur,
había nosotros mismos desatados».

En el poema «Te has ido» cito a la poeta Marosa di Giorgio, de la recopilación *Los papeles salvajes* (Adriana Hidalgo editora, 2013).

«te me has ido
de otoño y de noviembre».

En el poema «Tu voz no está» cito a la poeta Alejandra Pizarnik, de la recopilación *Poesía completa* (Lumen, 2016).

«tu música me lleva
a un acantilado con un pájaro».

Pero también se nutre este poemario de otras palabras que cito desde la memoria imprecisa. Las de mi abuela, mis tías, mi madre, mis hermanos, mi prima... las de la casa.

Agradecimientos

A Marina Hernández y Carla Santángelo, por acompañarme de manera cuidadosa y confiar en mi voz.

A su escuela de escritura Casa Índigo, recoveco y comunidad.

A Miren López, Marta Gómez de la Vega y a mi padre, primeros lectores, por leerme con cariño.

A mis compañeros de trabajo, por todos los viajes en coche en los que me animasteis a intentarlo.

A Mario, siento tu apoyo, siempre.

Índice

Este libro se terminó de editar en Granada
en junio de 2024 por

Aliarediciones

www.aliarediciones.es
info@aliarediciones.es